ESPERANÇA & CURA

ESPERANÇA & CURA

Inspiração bíblica para momentos de crise

CIP-Brasil. Catalogação na publicação
Sindicato Nacional dos Editores de Livros, RJ

E74

Esperança & cura: inspiração bíblica para momentos
de crise / compilado e editado por Mark R. Norton;
tradução editora Mundo Cristão. - 1. ed. - São Paulo:
Mundo Cristão, 2020.

    Tradução de: God's story of hope and healing
    ISBN 978-65-86027-43-3

    1. Cura pela fé - Doutrinas bíblicas. 2. Deus.
3. Bíblia - Profecias. 4. Profetas na Bíblia. I. Norton,
Mark R. II. Editora Mundo Cristão.

20-64923   CDD: 234.131
                                     CDU: 27-184.3

Edição
Daniel Faria

Preparação
Ana Luiza Ferreira

Produção e diagramação
Felipe Marques

Revisão
Natália Custódio

Publicado no Brasil com todos
os direitos reservados por:

Editora Mundo Cristão
Rua Antônio Carlos Tacconi, 69
São Paulo, SP, Brasil
CEP 04810-020
Telefone: (11) 2127-4147
www.mundocristao.com.br

Categoria: Inspiração
1ª edição: julho de 2020
Impressão digital sob demanda

Sumário

A divina história de esperança e cura

A Bíblia conta uma narrativa épica — uma história que começa com um Criador perfeito que faz um mundo bom e bonito. Deus preenche esse mundo com plantas que se reproduzem e criaturas de todos os tipos, para que vivam juntas em comunidades complexas, sustentáveis e saudáveis. E Deus cria um homem e uma mulher para que, em profundo relacionamento com ele, cuidem deste mundo e o governem.

Todavia, o homem e a mulher escolhem desobedecer a seu Criador. O resultado é um mundo progressivamente danificado pelo pecado, pelo conflito, pela doença e pela morte. O homem e a mulher, criados para viver eternamente, com o tempo se enfraquecem, adoecem e morrem. Por meio do egoísmo e do pecado, as pessoas se alienam de Deus, umas das outras e do belo mundo do qual estavam encarregados de cuidar.

Doença, sofrimento e morte se tornam o destino de todos os seres vivos na terra.

Esse início trágico da história acontece nas primeiras páginas da Bíblia. O restante das Escrituras, porém, apresenta outra história, uma história de cura que ainda está se desenrolando. Deus convoca um homem chamado Abraão e seus descendentes para que se tornem uma bênção especial para toda a terra. E, por meio de seu relacionamento com este povo escolhido, Israel, Deus revela a si mesmo ao mundo e planta suas sementes de transformação e cura.

A história de cura começa mediante o relacionamento de Deus com a extensa família de Abraão, um povo pelo qual ele planeja abençoar o mundo. E, nesse relacionamento, Deus demonstra sua capacidade e seu desejo de trazer esperança e cura ao seu povo que sofre. Por meio de seus profetas, Deus demonstra seu poder de curar indivíduos miraculosamente, e também menciona a cura que pode decorrer de um relacionamento saudável com ele e com as outras pessoas.

Essa história de Israel culmina com a vinda do mais grandioso descendente de Abraão: Jesus, o Messias. Durante sua vida na terra, Jesus cura paralíticos e enfermos, restaura visão aos cegos, audição aos surdos e voz aos mudos, além de libertar os escravizados por poderes demoníacos. De fato, ele até ressuscita os mortos! Nenhuma doença ou condição pode resistir a seu toque de cura ou a suas palavras de poder. Deus, por intermédio de Jesus, demonstra sua capacidade de reverter os efeitos devastadores do pecado em nosso mundo, o que inclui a cura de todas as feridas e doenças. Essa conquista sobre o pecado, sobre a doença e sobre a morte culmina com a morte e ressurreição de Jesus. É então que ele vence o poder do pecado e da morte — para sempre!

Na sequência, Jesus sobe aos céus, mas a história de seu poder de cura não acaba aí. Prossegue por meio de seus seguidores, que recebem poder do Espírito de Deus para dar continuidade à obra de cura em nosso mundo. A comunidade de crentes — a Igreja — representa a presença de Jesus e recebe o poder para fazer sua obra.

Jesus nasceu não apenas como um descendente de Abraão, mas também como o próprio Filho de Deus. Ele veio para reconciliar o relacionamento rompido entre Deus e a raça humana. Veio para reverter o fardo destrutivo do conflito, da doença e da morte sob o qual a criação ainda geme. Veio para possibilitar a renovação definitiva de toda a criação.

A realização definitiva da obra de cura de Deus ainda está no horizonte. Nós aguardamos a volta de Jesus e o novo céu e a nova terra que ele prometeu. Naquele dia, a obra transformadora e reanimadora de Cristo será concluída para todos os que creem. Os seguidores de Jesus receberão um novo corpo físico, não mais obscurecido pelas sombras da doença e da morte. Aguardamos ansiosamente por nossa cura final na volta de Cristo, um tempo em que já não haverá pecado, sofrimento, doença, dor nem morte. Será um tempo em que todas as coisas serão feitas novas e inteiras novamente, em que tudo e todos que estão separados serão plenamente reconciliados e reconectados.

Nota aos leitores

As páginas deste livro contêm passagens das Escrituras que falam sobre a obra de cura de Deus. Muitas delas contêm relatos de curas milagrosas, com frequência mediadas por uma pessoa escolhida por Deus. As curas realizadas por Jesus — o grande Médico e Filho de Deus — representam o maior número desses relatos. Outras passagens breves, por vezes de um único versículo, tratam de aspectos diversos da saúde e da cura. Muitas dessas passagens curtas vêm da literatura de sabedoria e dos profetas do Antigo Testamento, principalmente de Salmos, Provérbios e Isaías.

Em geral, tais passagens estão dispostas na ordem em que aparecem na Bíblia, começando no Antigo Testamento e terminando no fim do Novo. Cada passagem possui um título para orientar o leitor sobre o assunto e a referência bíblica para ajudá-lo a localizar a passagem em sua Bíblia.

As Escrituras, como um todo, contam a história da obra de cura de Deus em um nível cósmico. Mas a Bíblia também está cheia de relatos em menor escala da obra de cura de Deus no corpo e na vida de indivíduos. Deus demonstra seu amor ao curar doenças, lesões ou outros problemas físicos, mentais ou espirituais.

Conforme lemos tais passagens, alguns princípios gerais se destacarão:

- Deus ama as pessoas e se preocupa com a saúde e o bem-estar belas.
- Deus demonstra que tem poder para curar qualquer problema físico, mental ou espiritual.
- Deus demonstra que tem poder até mesmo sobre a morte.
- As curas nas Escrituras geralmente ocorrem depois de as pessoas que precisam ser curadas pedirem ajuda.
- As curas nas Escrituras geralmente ocorrem depois da intercessão de amigos ou familiares.
- As curas nas Escrituras geralmente ocorrem mediante a oração e a orientação de um servo capacitado de Deus.

- A doença às vezes aparece vinculada ao pecado ou a relacionamentos rompidos.
- As curas nas Escrituras geralmente estão associadas à firmeza de fé que uma pessoa tem em Deus.

Uma vez que todas as pessoas em nosso mundo caído morrerão um dia (a menos, é claro, que Jesus retorne antes), fica claro que a cura física nem sempre é o plano de Deus para todos. Mas isso não significa que Deus não nos ame nem deseje nossa cura definitiva. Ele certamente o faz. E, para todos que morrerem em Cristo, a vida eterna os aguarda. Mas, para nós que continuamos vivos, Deus espera que clamemos por ele em fé quando nós ou alguém a quem amamos está sofrendo. E lembre-se: com Deus, todas as coisas são possíveis!

Explore neste livro o que as Escrituras revelam sobre a compaixão de Deus e seu poder para curar.

1

Cura entre o povo de Deus
no Antigo Testamento

Deus cura Abimeleque e sua família a pedido de Abraão (Gênesis 20.17)

Então Abraão orou a Deus, e Deus curou Abimeleque, sua mulher e suas servas, de modo que pudessem ter filhos.

Promessa para povo de Deus no deserto (Êxodo 15.22-26)

Em seguida, Moisés conduziu o povo de Israel do mar Vermelho para o deserto de Sur. Caminharam pelo deserto por três dias sem encontrar água. Quando chegaram a Mara, descobriram que a água era amarga demais para beber. Por isso chamaram aquele lugar de Mara.

O povo começou a se queixar e se voltou contra Moisés. "O que beberemos?", perguntavam. Então Moisés clamou ao Senhor, e o Senhor lhe mostrou um pedaço de madeira. Moisés o jogou na água, e ela se tornou boa para beber.

Foi em Mara que o Senhor instituiu o seguinte decreto como norma, para provar a fidelidade do povo. Ele disse: "Se ouvirem com atenção a voz do Senhor, seu Deus, e fizerem o que é certo aos olhos dele, obedecendo a seus mandamentos e cumprindo todos os seus decretos, não os farei sofrer nenhuma das doenças que enviei sobre o Egito, pois eu sou o Senhor que os cura".

Promessa de saúde para o povo de Deus no monte Sinai (Êxodo 23.25-26)

"Sirvam somente ao Senhor, seu Deus, e eu os abençoarei com alimento e água e os protegerei de doenças. Em sua terra, nenhuma grávida sofrerá aborto e nenhuma mulher será estéril. Eu lhes darei vida longa e plena."

Cura para Israel durante seu tempo no deserto (Números 21.4-9)

Em seguida, partiram do monte Hor e tomaram o caminho para o mar Vermelho, a fim de contornar a terra de Edom. Mas o povo ficou impaciente e começou a se queixar contra Deus e contra Moisés: "Por que você nos tirou do Egito para morrermos aqui no deserto? Aqui não há o que comer nem o que beber. E detestamos este maná horrível!".

Então o Senhor enviou serpentes venenosas que morderam o povo, e muitos morreram. O povo clamou a Moisés: "Pecamos ao falar contra o Senhor e contra você. Ore para que o Senhor tire as serpentes de nosso meio". E Moisés orou pelo povo.

O Senhor lhe disse: "Faça a réplica de uma serpente venenosa e coloque-a no alto de um poste. Todos que forem mordidos viverão se olharem para ela". Moisés fez uma serpente de bronze e a colocou no alto de um poste. Quem era mordido por uma serpente e olhava para a réplica de bronze era curado.

Promessa para o povo de Deus prestes a entrar na terra prometida (Deuteronômio 7.12-15)

"Se vocês guardarem estes estatutos e os cumprirem com cuidado, o Senhor, seu Deus, cumprirá sua aliança de amor com vocês, como prometeu sob juramento a seus antepassados. Ele os amará, os abençoará e os fará crescer, tornando férteis seus filhos, sua terra e seus animais. Quando chegarem à terra que ele jurou dar a seus antepassados, vocês terão produção farta de cereais, vinho novo e azeite, e também grandes rebanhos de bois e ovelhas. Vocês serão mais abençoados que todas as nações da terra. Nenhum de seus homens ou mulheres será estéril, e todos os seus animais darão cria. O Senhor os protegerá de toda enfermidade. Não permitirá que sofram as doenças terríveis que conheceram no Egito; em vez disso, ele as enviará sobre todos os seus inimigos!"

Chamado ao povo de Deus para escolher a vida (Deuteronômio 30.19-20)

"Hoje lhes dei a escolha entre a vida e a morte, entre bênçãos e maldições. Agora, chamo os céus e a terra como testemunhas da escolha que fizerem. Escolham a vida, para que vocês e seus filhos vivam! Façam isso amando, obedecendo e apegando-se fielmente ao Senhor, pois ele é a sua vida! Se vocês o amarem e lhe obedecerem, ele lhes dará vida longa na terra que o Senhor jurou dar a seus antepassados Abraão, Isaque e Jacó."

Promessa de Deus a Josué ao entrar na terra prometida (Deuteronômio 31.8)

"Não tenha medo nem desanime, pois o próprio

Senhor irá adiante de vocês. Ele estará com vocês; não os deixará nem os abandonará."

O profeta Eliseu ressuscita um menino (2Reis 4.18-37)

Certo dia, quando o menino estava mais crescido, saiu para acompanhar o pai, que estava no campo com os ceifeiros. De repente, o menino gritou: "Ai! Que dor de cabeça!".

Seu pai disse a um dos servos: "Leve-o para casa, para a mãe dele".

O servo levou o menino para casa, e a mãe o segurou no colo. Mas, por volta do meio-dia, ele morreu. Ela o carregou para cima e o deitou na cama do homem de Deus; fechou a porta e o deixou ali. Então enviou um recado para o marido: "Mande um dos servos e uma jumenta, para que eu vá depressa falar com o homem de Deus e volte em seguida".

"Por que hoje?", perguntou ele. "Não é a festa da lua nova nem sábado."

Ela, porém, respondeu: "Não se preocupe".

Então ela mandou selar a jumenta e disse ao servo: "Rápido! Só diminua o passo quando eu mandar". E partiu para encontrar-se com o homem de Deus no monte Carmelo.

Quando ele a viu a distância, disse a Geazi: "Olhe! Lá vem a sunamita! Corra ao seu encontro e pergunte: 'Está tudo bem com a senhora, com seu marido e com seu filho?'".

A mulher respondeu: "Sim, está tudo bem".

Mas, quando ela chegou ao homem de Deus no monte, abraçou os pés dele. Geazi quis afastá-la, mas o homem de Deus disse: "Deixe-a em paz. Ela está profundamente angustiada, mas o Senhor não me revelou o motivo".

Então a mulher disse: "Acaso eu lhe pedi um filho, meu senhor? Não lhe disse que não me desse falsas esperanças?".

Eliseu disse a Geazi: "Prepare-se para viajar; pegue meu cajado e vá! Não cumprimente ninguém pelo caminho. Quando chegar, coloque o cajado sobre o rosto do menino".

Mas a mãe do menino disse: "Tão certo como vive o Senhor, e tão certo como a sua própria vida, não voltarei para casa se o senhor não for comigo". Então Eliseu voltou com ela.

Geazi foi à frente e pôs o cajado sobre o rosto do menino, mas não aconteceu nada. Não havia sinal de vida. Geazi voltou para encontrar-se com Eliseu e lhe disse: "O menino ainda não despertou".

De fato, quando Eliseu chegou, o menino estava morto, deitado em sua cama. Eliseu entrou sozinho no quarto, fechou a porta e orou ao Senhor. Depois, deitou-se sobre o corpo do menino e colocou sua boca sobre a dele, seus olhos sobre os dele e suas mãos sobre as dele. E, enquanto se estendia sobre ele, o corpo do menino começou a se aquecer. Eliseu se levantou, andou de um lado para o outro no quarto e, em seguida, se estendeu novamente sobre ele. Dessa vez, o menino espirrou sete vezes e abriu os olhos.

Eliseu chamou Geazi e lhe disse: "Chame a sunamita!". Quando ela entrou, Eliseu disse: "Aqui está seu filho". Ela caiu aos pés do profeta e se curvou diante dele. Então pegou o filho e saiu.

Eliseu cura a lepra de Naamã (2Reis 5.1-19)

O rei da Síria tinha grande respeito por Naamã, comandante do seu exército, pois, por meio dele, o Senhor tinha dado grandes vitórias à Síria. Mas, embora Naamã fosse um guerreiro valente, sofria de lepra.

Naquela época, saqueadores sírios tinham invadido o território de Israel, e entre os cativos havia uma menina que se tornou serva da esposa de Naamã. Certo dia, a menina disse à sua senhora: "Como seria bom se meu senhor fosse ver o profeta em Samaria! Ele o curaria da lepra!".

Naamã contou ao rei o que a menina israelita tinha dito. Então o rei da Síria lhe respondeu: "Vá visitar o profeta. Eu lhe darei uma carta de apresentação ao rei de Israel". Naamã partiu levando 350 quilos de prata, 72 quilos de ouro e dez roupas de festa. A carta para o rei de Israel dizia: "Com esta carta apresento meu servo Naamã. Quero que o rei o cure da lepra".

Quando o rei de Israel leu a carta, rasgou as roupas e disse: "Acaso sou Deus, capaz de dar ou de tirar a vida? Por que esse homem me pede que cure um leproso? Como vocês podem ver, ele procura um pretexto para nos atacar!".

Mas, quando Eliseu, o homem de Deus, soube que o rei de Israel havia rasgado as roupas, mandou-lhe esta mensagem: "Por que o rei ficou tão aflito? Envie Naamã a mim, e ele saberá que há um profeta verdadeiro em Israel".

Então Naamã foi com seus cavalos e carruagens e parou à porta da casa de Eliseu. Ele mandou um mensageiro dizer a Naamã: "Vá e lave-se sete vezes no rio Jordão. Sua pele será restaurada, e você ficará curado da lepra".

Naamã ficou indignado e disse: "Imaginei que ele sairia para me receber! Esperava que movesse as mãos sobre a lepra, invocasse o nome do Senhor, seu Deus, e me curasse! Não são os rios Abana e Farfar, em Damasco, melhores que qualquer rio de Israel? Será que eu não poderia me lavar em um deles e ser curado?". Naamã deu meia-volta e partiu furioso.

Mas seus oficiais tentaram convencê-lo, dizendo: "Meu senhor, se o profeta lhe tivesse pedido para fazer algo muito difícil, o senhor não teria feito? Por certo o senhor deve obedecer à instrução dele, pois disse apenas: 'Vá, lave-se e será curado'". Assim, Naamã desceu ao Jordão e mergulhou sete vezes, conforme a instrução do homem de Deus. Sua pele ficou saudável como a de uma criança, e ele foi curado.

Então Naamã e toda a sua comitiva voltaram para onde morava o homem de Deus. Ao chegar diante dele, Naamã disse: "Agora sei que no mundo inteiro não há Deus, senão em Israel. Por favor, aceite um presente de seu servo".

Eliseu, porém, respondeu: "Tão certo como vive o Senhor, a quem sirvo, não aceitarei presente algum". Embora Naamã insistisse, Eliseu recusou.

Então Naamã disse: "Está bem, mas peço que permita que este seu servo leve para casa duas mulas carregadas com a terra deste lugar. De agora em diante, nunca mais oferecerei holocaustos ou sacrifícios a qualquer outro deus, senão ao Senhor. Mas que o Senhor me perdoe por uma coisa: quando meu senhor, o rei, for ao templo do deus Rimom para adorar ali e se apoiar em meu braço, que o Senhor me perdoe quando eu também me curvar".

"Vá em paz", disse Eliseu. Então Naamã partiu para casa.

Doença e cura do rei Ezequias (2Reis 20.1-11; também 2Crônicas 32.24-36)

Por esse tempo, Ezequias ficou doente e estava para morrer. O profeta Isaías, filho de Amoz, foi visitá-lo e transmitiu-lhe a seguinte mensagem: "Assim diz o Senhor: 'Ponha suas coisas em ordem, pois você vai morrer. Não se recuperará dessa doença'".

Quando Ezequias ouviu isso, virou o rosto para a parede e orou ao Senhor: "Ó Senhor, lembra-te de como sempre te servi com fidelidade e devoção, e de como sempre fiz o que é certo aos teus olhos". Depois, o rei chorou amargamente.

Então, antes que Isaías deixasse o pátio intermediário, recebeu esta mensagem do Senhor: "Volte a Ezequias, líder de meu povo, e diga-lhe: Assim diz o Senhor, o Deus de seu antepassado Davi: 'Ouvi sua oração e vi suas lágrimas. Vou curá-lo e, daqui a três dias, você sairá da cama e irá ao templo do Senhor. Acrescentarei quinze anos à sua vida e livrarei você e esta cidade do rei da Assíria. Defenderei esta cidade por causa de minha honra e por causa de meu servo Davi'".

Então Isaías disse: "Preparem uma pasta de figos". Os servos de Ezequias fizeram a pasta e a espalharam sobre a ferida, e Ezequias se recuperou.

Ezequias tinha perguntado a Isaías: "Que sinal o Senhor dará como prova de que ele vai me curar e de que irei ao templo do Senhor daqui a três dias?".

Isaías respondeu: "Este é o sinal do Senhor de que cumprirá o que prometeu. Você prefere que a sombra do relógio de sol avance dez graus ou recue dez graus?".

"É natural que a sombra avance", disse Ezequias. "Isso seria fácil. Faça-a voltar dez graus." O profeta Isaías orou ao Senhor, e ele fez a sombra recuar dez graus no relógio de sol de Acaz.

O rei Ezequias ora pela cura de seu povo (2Crônicas 30.17-20)

Visto que muitas pessoas não haviam se purificado, os levitas tiveram de abater para elas o cordeiro pascal, a fim de consagrá-las ao Senhor. A maioria dos que vieram de Efraim, Manassés, Issacar e Zebulom não havia se purificado. Mas o rei Ezequias orou por eles e foi permitido que comessem a refeição pascal, embora isso fosse contrário aos requisitos da lei. Pois Ezequias orou: "Que o Senhor, que é bondoso, perdoe aqueles que resolveram buscar o Senhor, o Deus de seus antepassados, mesmo que não estejam devidamente purificados conforme os padrões do santuário". E o Senhor ouviu a oração de Ezequias e perdoou o povo.

2

Sabedoria de cura na Poesia e em Provérbios

Davi ora por libertação e cura (Salmos 6.2-5)

Tem compaixão de mim, Senhor, pois estou
fraco;
cura-me, Senhor, pois meus ossos
agonizam.
Meu coração está muito angustiado;
Senhor, quando virás me restaurar?

Volta-te, Senhor, e livra-me!
Salva-me por causa do teu amor.
Pois os mortos não se lembram de ti;
quem te louvará da sepultura?

Davi louva a Deus por seu cuidado constante (Salmos 23.1-6)

O Senhor é meu pastor,
e nada me faltará.
Ele me faz repousar em verdes pastos

> e me leva para junto de riachos
> > tranquilos.
> Renova minhas forças
> > e me guia pelos caminhos da justiça;
> > assim, ele honra o seu nome.
> Mesmo quando eu andar
> > pelo escuro vale da morte,
> não terei medo,
> > pois tu estás ao meu lado.
> Tua vara e teu cajado
> > me protegem.
> Preparas um banquete para mim
> > na presença de meus inimigos.
> Unges minha cabeça com óleo;
> > meu cálice transborda.
> Certamente a bondade e o amor me seguirão
> > todos os dias de minha vida,
> e viverei na casa do SENHOR
> > para sempre.

Davi louva a Deus por curá-lo
(Salmos 30.2-5)

> SENHOR, meu Deus, clamei a ti por socorro,
> > e restauraste minha saúde.
> SENHOR, da sepultura me tiraste
> > e não me deixaste cair na cova da morte.

Cantem ao S‍enhor, todos que lhe são fiéis!
    Louvem seu santo nome,
pois sua ira dura apenas um instante,
    mas seu favor, a vida inteira!
O choro pode durar toda a noite,
    mas a alegria vem com o amanhecer.

Davi louva a Deus por perdoá-lo e curá-lo (Salmos 32.1-5)

Como é feliz aquele
    cuja desobediência é perdoada,
    cujo pecado é coberto!
Sim, como é feliz aquele
    cuja culpa o S‍enhor não leva em conta,
    cuja consciência é sempre sincera!
Enquanto me recusei a confessar meu
        pecado,
    meu corpo definhou,
    e eu gemia o dia inteiro.
Dia e noite, tua mão pesava sobre mim;
    minha força evaporou como água no
        calor do verão.

Finalmente, confessei a ti todos os meus
        pecados
    e não escondi mais a minha culpa.

Disse comigo: "Confessarei ao Senhor a
minha rebeldia",
e tu perdoaste toda a minha culpa.

Davi louva a Deus por sua presença fiel (Salmos 33.18-22)

O Senhor, porém, está atento aos que o
temem,
aos que esperam por seu amor.
Ele os livra da morte
e os conserva com vida em tempos de
fome.

Nossa esperança está no Senhor;
ele é nosso auxílio e nosso escudo.
Nele nosso coração se alegra,
pois confiamos em seu santo nome.
Que o teu amor nos cerque, Senhor,
pois só em ti temos esperança.

Davi vê uma conexão entre seu pecado e sua enfermidade (Salmos 38.1-8)

Ó Senhor, não me repreendas em tua ira,
nem me disciplines em tua fúria!
Tuas flechas se cravam fundo em mim,
e o peso de tua mão me esmaga.

Por causa de tua ira, todo o meu corpo
    adoece;
    minha saúde está arruinada, por causa
    de meu pecado.
Minha culpa me sufoca;
    é um fardo pesado e insuportável.
Minhas feridas infeccionaram e cheiram mal,
    por causa de minha insensatez.
Estou encurvado e atormentado;
    entristecido, ando o dia todo de um lado
    para o outro.
Meu corpo arde em febre,
    minha saúde está arruinada.
Estou exausto e abatido;
    meus gemidos vêm de um coração
    angustiado.

Davi reconhece o poder e o desejo de Deus de curar (Salmos 41.1-4)

Como é feliz aquele que se importa com o
    pobre!
    Em tempos de aflição, o Senhor o livra.
O Senhor o protege
    e lhe conserva a vida.
Ele o faz prosperar na terra
    e o livra de seus inimigos.

O Senhor cuida dele quando fica doente
e lhe restaura a saúde.

Orei: "Ó Senhor, tem misericórdia de mim!
Cura-me, pois pequei contra ti!".

A presença de Deus nos ajuda mesmo quando nossa saúde falha (Salmos 73.26-28)

Minha saúde pode acabar e meu espírito
fraquejar,
mas Deus continua sendo a força de meu
coração;
ele é minha possessão para sempre.

Os que te abandonam perecerão,
pois destróis os que de ti se afastam.
Quanto a mim, como é bom estar perto de
Deus!
Fiz do Senhor Soberano meu refúgio
e anunciarei a todos tuas maravilhas.

Louvor à presença e proteção de Deus (Salmos 91.1-4,14-16)

Aquele que habita no abrigo do Altíssimo
encontrará descanso à sombra do
Todo-poderoso.
Isto eu declaro a respeito do Senhor:

ele é meu refúgio, meu lugar seguro,
ele é meu Deus e nele confio.
Pois ele o livrará das armadilhas da vida
e o protegerá de doenças mortais.
Ele o cobrirá com as suas penas
e o abrigará sob as suas asas;
a sua fidelidade é armadura e proteção. [...]

O Senhor diz: "Livrarei aquele que me ama,
protegerei o que confia em meu nome.
Quando clamar por mim, eu responderei
e estarei com ele em meio às dificuldades;
eu o resgatarei e lhe darei honra.
Com vida longa o recompensarei
e lhe darei minha salvação".

Davi reconhece o poder de Deus de perdoar e curar (Salmos 103.1-5)

Todo o meu ser louve o Senhor;
louvarei seu santo nome de todo o
coração.
Todo o meu ser louve o Senhor;
que eu jamais me esqueça de suas bênçãos.
Ele perdoa todos os meus pecados
e cura todas as minhas doenças.
Ele me resgata da morte

e me coroa de amor e misericórdia.
Ele enche minha vida de coisas boas;
minha juventude é renovada como a
águia!

Deus tem o poder e o desejo de perdoar e curar (Salmos 107.17-22)

Foram tolos;
rebelaram-se e sofreram por causa de
seus pecados.
Não conseguiam nem pensar em comer
e estavam às portas da morte.
Em sua aflição, clamaram ao Senhor,
e ele os livrou de seus sofrimentos.
Enviou sua palavra e os curou,
e os resgatou da morte.
Que louvem o Senhor por seu grande amor
e pelas maravilhas que fez pela
humanidade.
Que ofereçam sacrifícios de ações de graças
e anunciem suas obras com canções
alegres.

Louvor ao Deus que nos ouve (Salmos 116.1-9)

Amo o Senhor, porque ele ouve a minha voz

e as minhas orações.
Porque ele se inclina para ouvir,
    orarei enquanto viver.
A morte me envolveu com suas cordas,
    e os terrores da sepultura me dominaram;
    não via outra coisa senão sofrimento e
        tristeza.
Então clamei pelo nome do SENHOR:
    "Livra-me, SENHOR!".
O SENHOR é compassivo e justo;
    o nosso Deus é misericordioso!
O SENHOR protege os ingênuos;
    eu estava diante da morte, e ele me salvou.
Volte, minha alma, a descansar,
    pois o SENHOR lhe tem sido bom.
Ele livrou minha alma da morte,
    meus olhos, das lágrimas,
    meus pés, da queda.
Por isso, andarei na presença do SENHOR
    enquanto viver aqui na terra.

Louvor a Deus, que restaura e cura
(Salmos 147.1-5)

Louvado seja o SENHOR!

Como é bom cantar louvores a nosso Deus!

Como é agradável e apropriado!
O SENHOR reconstrói Jerusalém
    e traz os exilados de volta a Israel.
Ele cura os de coração quebrantado
    e enfaixa suas feridas.
Conta as estrelas
    e chama cada uma pelo nome.
Nosso Senhor é grande! Seu poder é absoluto!
É impossível medir seu entendimento.

Confiança em Deus durante tempos de doença e incerteza (Provérbios 3.5-6)

Confie no SENHOR de todo o coração;
    não dependa de seu próprio
        entendimento.
Busque a vontade dele em tudo que fizer,
    e ele lhe mostrará o caminho que deve
        seguir.

O temor do Senhor é o primeiro passo para a cura (Provérbios 3.7-8,18)

Não se impressione com sua própria
        sabedoria;
    tema o SENHOR e afaste-se do mal.
Então você terá saúde para o corpo
    e força para os ossos. [...]

A sabedoria é árvore de vida para quem
    dela toma posse;
  felizes os que se apegam a ela com firmeza.

Seguir a sabedoria de Deus conduz à saúde (Provérbios 4.10-13,20-23)

Meu filho, ouça minhas palavras e ponha-as
    em prática,
  e terá uma vida longa e boa.
Eu lhe ensinarei o caminho da sabedoria
  e o conduzirei por uma estrada reta.
Quando andar por ele, nada o deterá;
  quando correr, não tropeçará.
Apegue-se às minhas instruções e não as solte;
  guarde-as bem, pois são a chave da
    vida. [...]

Meu filho, preste atenção ao que digo;
  ouça bem minhas palavras.
Não as perca de vista;
  mantenha-as no fundo do coração.
Pois elas dão vida a quem as encontra
  e saúde a todo o corpo.

Acima de todas as coisas, guarde seu
    coração,
  pois ele dirige o rumo de sua vida.

A sabedoria tende a resultar em uma vida longa (Provérbios 9.11-12)

A sabedoria multiplicará seus dias
e tornará sua vida mais longa.
Se você se tornar sábio, o benefício será
seu;
se desprezar a sabedoria, sofrerá as
consequências.

Palavras sábias conduzem à cura (Provérbios 12.18,28)

Os comentários de algumas pessoas ferem,
mas as palavras dos sábios trazem cura.

O caminho dos justos conduz à vida;
é uma estrada que não leva à morte.

Esperança e sabedoria são importantes para a saúde (Provérbios 13.12,14,17)

A esperança adiada faz o coração ficar
doente,
mas o sonho realizado é árvore de
vida. [...]

A instrução do sábio é fonte de vida;
quem a aceita escapa das armadilhas da
morte. [...]

O mensageiro desleal depara com
dificuldades,
mas o mensageiro confiável traz cura.

A paz de Deus resulta em saúde (Provérbios 14.27,30)

O temor do Senhor é fonte de vida;
ajuda a escapar das armadilhas da
morte. [...]

O contentamento dá saúde ao corpo;
a inveja é como câncer nos ossos.

Boas notícias e alegria conduzem à boa saúde (Provérbios 15.30)

O olhar animador alegra o coração;
boas notícias dão vigor ao corpo.

Palavras bondosas trazem cura para a alma e para o corpo (Provérbios 16.24)

Palavras bondosas são como mel:
doces para a alma e saudáveis para o
corpo.

O coração alegre é um bom remédio (Provérbios 17.22)

O coração alegre é um bom remédio,

mas o espírito abatido consome as
forças.

Há tempos para cura assim como para morte (Eclesiastes 3.1-8)

Há um momento certo para tudo,
um tempo para cada atividade debaixo
do céu.
Há tempo de nascer, e tempo de morrer;
tempo de plantar, e tempo de colher.
Tempo de matar, e tempo de curar;
tempo de derrubar, e tempo de construir.
Tempo de chorar, e tempo de rir;
tempo de se entristecer, e tempo de
dançar.
Tempo de espalhar pedras, e tempo de
ajuntá-las;
tempo de abraçar, e tempo de se afastar.
Tempo de procurar, e tempo de deixar de
buscar;
tempo de guardar, e tempo de jogar fora.
Tempo de rasgar, e tempo de remendar;
tempo de calar, e tempo de falar.
Tempo de amar, e tempo de odiar;
tempo de guerra, e tempo de paz.

3

Sabedoria de cura nos Profetas

Deus pode curar, mas quer que nos voltemos para ele (Isaías 6.9-10)

Ele disse: "Vá e diga a este povo:

'Ouçam com atenção, mas não entendam;
    observem bem, mas não aprendam'.
Endureça o coração deste povo;
    tape os ouvidos e feche os olhos deles.
Assim, não verão com os olhos,
    nem ouvirão com os ouvidos,
não entenderão com o coração,
    nem se voltarão para mim a fim de serem
    curados".

A disciplina de Deus conduz à cura (Isaías 38.16,20)

Senhor, tua disciplina é boa,
    pois conduz à vida e à saúde.
Tu restauras minha saúde

e permites que eu viva! [...]

Sim, o Senhor está disposto a me curar!
Com instrumentos de cordas, entoarei
louvores
todos os dias de minha vida,
no templo do Senhor.

Deus dá forças aos que nele confiam (Isaías 40.28-31)

Você não ouviu?
Não entendeu?
O Senhor é o Deus eterno,
o Criador de toda a terra.
Ele nunca perde as forças nem se cansa,
e ninguém pode medir a profundidade
de sua sabedoria.
Dá forças aos cansados
e vigor aos fracos.
Até os jovens perdem as forças e se cansam,
e os rapazes tropeçam de tão exaustos.
Mas os que confiam no Senhor renovam
suas forças;
voam alto, como águias.
Correm e não se cansam,
caminham e não desfalecem.

Deus dá coragem quando seu povo tem medo (Isaías 41.10)

Não tenha medo, pois estou com você;
   não desanime, pois sou o seu Deus.
Eu o fortalecerei e o ajudarei;
   com minha vitoriosa mão direita o
      sustentarei.

Deus promete estar com seu povo durante tempos difíceis (Isaías 43.1-3)

Mas agora, ó Jacó, ouça o SENHOR que o
      criou;
   ó Israel, assim diz aquele que o formou:
"Não tema, pois eu o resgatei;
   eu o chamei pelo nome, você é meu.
Quando passar por águas profundas,
   estarei a seu lado.
Quando atravessar rios,
   não se afogará.
Quando passar pelo fogo,
   não se queimará;
   as chamas não lhe farão mal.
Pois eu sou o SENHOR, seu Deus,
   o Santo de Israel, seu Salvador."

Louvor ao Deus que conforta seu povo em meio ao sofrimento (Isaías 49.13)

Cantem, ó céus!
Alegre-se, ó terra!
Irrompam em cânticos, ó montes!
Pois o Senhor consolou seu povo
e terá compaixão dele em meio ao
sofrimento.

A promessa de Deus do Messias, o grande Médico (Isaías 53.1-6)

Quem creu em nossa mensagem?
A quem o Senhor revelou seu braço
forte?
Meu servo cresceu em sua presença,
como tenro broto verde,
como raiz em terra seca.
Não havia nada de belo nem majestoso em
sua aparência,
nada que nos atraísse.
Foi desprezado e rejeitado,
homem de dores, que conhece o sofrimento mais profundo.
Demos as costas para ele e desviamos o
olhar;
ele foi desprezado, e não nos importamos.

Apesar disso, foram as nossas enfermidades
    que ele tomou sobre si,
    e foram as nossas doenças que pesaram
    sobre ele.
Pensamos que seu sofrimento era castigo de
    Deus,
    castigo por sua culpa.
Mas ele foi ferido por causa de nossa rebeldia
    e esmagado por causa de nossos pecados.
Sofreu o castigo para que fôssemos
    restaurados
    e recebeu açoites para que fôssemos
    curados.
Todos nós nos desviamos como ovelhas;
    deixamos os caminhos de Deus
    para seguir os nossos caminhos.
E, no entanto, o Senhor fez cair sobre ele
    os pecados de todos nós.

Deus deseja perdoar e curar seu povo (Isaías 57.18-19)

Tenho visto o que fazem,
    mas ainda assim irei curá-los.
Eu os guiarei,
    consolarei os que choram,
    porei em seus lábios palavras de louvor.

Que eles tenham muita paz,
> tanto os que estão perto como os que
> estão longe",
diz o SENHOR, que os cura.

Deus chama seu povo a agir com justiça antes de receber sua cura (Isaías 58.6-11)

"Este é o tipo de jejum que desejo:
Soltem os que foram presos injustamente,
> aliviem as cargas de seus empregados.
Libertem os oprimidos,
> removam as correntes que prendem as
> pessoas.
Repartam seu alimento com os famintos,
> ofereçam abrigo aos que não têm casa.
Deem roupas aos que precisam,
> não se escondam dos que carecem de
> ajuda.

"Então sua luz virá como o amanhecer,
> e suas feridas sararão num instante.
Sua justiça os conduzirá adiante,
> e a glória do SENHOR os protegerá na
> retaguarda.
Então vocês clamarão, e o SENHOR
> responderá.

'Aqui estou', ele dirá.

"Removam o jugo pesado de opressão,
     parem de fazer acusações e espalhar
          boatos maldosos.
Deem alimento aos famintos
     e ajudem os aflitos.
Então sua luz brilhará na escuridão,
     e a escuridão ao redor se tornará clara
          como o meio-dia.
O Senhor os guiará continuamente,
     lhes dará água quando tiverem sede
     e restaurará suas forças.
Vocês serão como um jardim bem regado,
     como a fonte que não para de jorrar.

Sem Deus perdemos a esperança por cura (Jeremias 8.18-22)

Minha tristeza não tem cura;
     meu coração está enfermo.
Escutem o choro do meu povo,
     pode-se ouvi-lo por toda a terra:
"Acaso o Senhor abandonou Sião?
     Seu rei não está mais ali?".
"Por que provocaram minha ira com ídolos
          esculpidos

e seus inúteis deuses estrangeiros?", diz
o SENHOR.

O povo se lamenta: "A colheita chegou ao
fim, o verão acabou,
e, no entanto, não estamos salvos!".

Sofro com a dor do meu povo,
lamento e sou tomado de tristeza.
Não há remédio em Gileade?
Não há médico ali?
Por que não há cura
para as feridas do meu povo?

Louvor ao Senhor que cura e salva (Jeremias 17.14)

Ó SENHOR, se me curares, serei verdadeiramente curado;
se me salvares, serei verdadeiramente
salvo.
Louvo somente a ti!

Deus promete o bem para seu povo exilado (Jeremias 29.11)

"Porque eu sei os planos que tenho para vocês",
diz o SENHOR. "São planos de bem, e não de mal,
para lhes dar o futuro pelo qual anseiam."

Deus está conosco em quaisquer circunstâncias (Lamentações 3.20-23)

Lembro-me sempre destes dias terríveis
enquanto lamento minha perda.
Ainda ouso, porém, ter esperança
quando me recordo disto:

O amor do Senhor não tem fim!
Suas misericórdias são inesgotáveis.
Grande é sua fidelidade;
suas misericórdias se renovam cada
manhã.

Ezequiel profetiza a restauração de Israel (Ezequiel 37.1-14)

A mão do Senhor veio sobre mim, e o Espírito do Senhor me levou a um vale cheio de ossos. Ele me conduziu por entre os ossos que cobriam o fundo do vale, espalhados por toda parte e completamente secos. Então ele me perguntou: "Filho do homem, acaso estes ossos podem voltar a viver?".

Respondi: "Ó Senhor Soberano, só tu o sabes".

Então ele me disse: "Profetize a estes ossos e diga: 'Ossos secos, ouçam a palavra do Senhor! Assim diz o Senhor Soberano: Soprarei meu espírito e os trarei de volta à vida! Porei carne e músculo em vocês e os cobrirei com pele. Darei fôlego a vocês, e voltarão à vida. Então saberão que eu sou o Senhor'".

Assim, anunciei essa mensagem, como ele me havia ordenado. De repente, enquanto eu profetizava, ouviu-se em todo o vale o barulho de ossos batendo uns contra os outros, e os ossos de cada corpo estavam se juntando. Então, enquanto eu observava, músculos e carne se formaram sobre os ossos. Em seguida, pele se formou para cobrir os corpos, mas ainda não respiravam.

Então ele me disse: "Filho do homem, profetize aos ventos. Anuncie-lhes uma mensagem e diga: 'Assim diz o Senhor Soberano: Ó fôlego, venha dos quatro ventos! Sopre nesses corpos mortos para que voltem a viver!'".

Anunciei a mensagem, como ele me havia ordenado, e o espírito entrou nos corpos. Todos eles voltaram à vida e se levantaram, e formavam um grande exército.

Então ele me disse: "Filho do homem, esses ossos representam todo o povo de Israel. Eles dizem: 'Tornamo-nos ossos velhos e secos; não há mais esperança. Nossa nação acabou'. Portanto, profetize para eles e diga: 'Assim diz o Senhor Soberano: Ó meu povo, eu abrirei as sepulturas do exílio e os farei sair delas. Então os trarei de volta à terra de Israel. Quando isso acontecer, meu povo, vocês saberão que eu sou o Senhor. Soprarei meu espírito em vocês, e voltarão a viver, e eu os trarei de volta para sua terra. Então saberão que eu, o Senhor, falei e cumpri o que prometi. Sim, eu, o Senhor, falei!'".

O arrependimento do povo de Deus conduz à cura (Oseias 6.1)

"Venham, voltemos para o Senhor!
Ele nos despedaçou,
 agora irá nos sarar.
Ele nos feriu,
 agora nos fará curativos.

Um lembrete para confiar em nosso Deus fiel (Miqueias 7.7)

Quanto a mim, busco o Senhor
 e espero confiante que Deus me salve;
certamente meu Deus me ouvirá!

O profundo respeito por Deus conduz à cura (Malaquias 4.2)

"Mas, para vocês que temem meu nome, o sol da

justiça se levantará, trazendo cura em suas asas. E vocês sairão e saltarão de alegria, como bezerros soltos no pasto."

4

Jesus, o grande Médico

Jesus ensina e cura na Galileia (Mateus 4.23-24)

Jesus viajou por toda a região da Galileia, ensinando nas sinagogas, anunciando as boas-novas do reino e curando as pessoas de todo tipo de doenças. As notícias a seu respeito se espalharam até a Síria, e logo o povo começou a lhe trazer todos que estavam enfermos. Qualquer que fosse a enfermidade ou dor, quer estivessem possuídos por demônio, quer sofressem de convulsões, quer fossem paralíticos, Jesus os curava.

Jesus cura um leproso (Mateus 8.1-4; também Marcos 1.40-45; Lucas 5.12-15)

Quando Jesus desceu a encosta do monte, grandes multidões o seguiram. Um leproso aproximou-se de Jesus, ajoelhou-se diante dele e disse: "Senhor, se quiser, pode me curar e me deixar limpo".

Jesus estendeu a mão e tocou nele. "Eu quero", respondeu. "Seja curado e fique limpo!" No mesmo instante, o homem foi curado da lepra. Então Jesus disse ao homem: "Não conte isso a ninguém. Vá e apresente-se ao sacerdote para que ele o examine. Leve a oferta que a lei de Moisés exige. Isso servirá como testemunho".

Jesus cura o servo de um oficial romano (Mateus 8.5-13; também Lucas 7.1-10)

Quando Jesus chegou a Cafarnaum, um oficial romano se aproximou dele e suplicou: "Senhor, meu jovem servo está de cama, paralisado e com dores terríveis".

Jesus disse: "Vou até lá para curá-lo".

O oficial, porém, respondeu: "Senhor, não mereço que entre em minha casa. Basta uma ordem sua, e meu servo será curado. Sei disso porque estou sob a autoridade de meus superiores e tenho autoridade sobre meus soldados. Só preciso dizer 'Vão', e eles vão, ou 'Venham', e eles vêm. E, se digo a meus escravos: 'Façam isto', eles o fazem".

Quando Jesus ouviu isso, ficou admirado e disse aos que o seguiam: "Eu lhes digo a verdade: jamais vi fé como esta em Israel! E também lhes digo: muitos virão de toda parte, do leste e do oeste, e se sentarão com Abraão, Isaque e Jacó no banquete do reino dos céus. Mas muitos para os quais o reino foi preparado serão lançados fora, na escuridão, onde haverá choro e ranger de dentes".

Então Jesus disse ao oficial romano: "Volte para casa. Tal como você creu, assim acontecerá". E o jovem servo foi curado na mesma hora.

Jesus cura a sogra de Pedro e outros (Mateus 8.14-17; também Marcos 1.29-31; Lucas 4.38-39)

Quando Jesus chegou à casa de Pedro, viu que a sogra dele estava de cama, com febre. Jesus tocou em sua mão e a febre a deixou. Então ela se levantou e passou a servi-lo.

Ao entardecer, trouxeram a Jesus muita gente possuída por demônios. Ele expulsou esses espíritos impuros com uma simples ordem e curou todos os enfermos. Cumpriu-se, desse modo, o que foi dito pelo profeta Isaías:

"Levou sobre si nossas enfermidades
e removeu nossas doenças".

Jesus cura dois homens possuídos por demônios (Mateus 8.28-34; também Marcos 5.1-20; Lucas 8.26-39)

Quando Jesus chegou ao outro lado do mar, à região dos gadarenos, dois homens possuídos por demônios saíram do cemitério e foram ao seu encontro. Eram tão violentos que ninguém podia passar por ali.

Eles começaram a gritar: "Por que vem nos importunar, Filho de Deus? Veio aqui para nos atormentar antes do tempo determinado?".

A certa distância deles, havia uma grande manada de porcos pastando. Então os demônios suplicaram: "Se vai nos expulsar, mande-nos entrar naquela manada de porcos".

"Vão!", ordenou Jesus. Os demônios saíram dos homens e entraram nos porcos, e toda a manada se atirou pela encosta íngreme do monte para dentro do mar e se afogou.

Os que cuidavam dos porcos fugiram para uma cidade próxima e contaram a todos o que havia ocorrido com os homens possuídos por demônios. Os habitantes da cidade saíram ao encontro de Jesus e suplicaram que ele fosse embora da região.

Jesus cura um paralítico (Marcos 2.1-12; também Mateus 9.1-8; Lucas 5.17-26)

Dias depois, quando Jesus retornou a Cafarnaum, a notícia de que ele tinha voltado se espalhou rapidamente. Em pouco tempo, a casa onde estava hospedado ficou tão cheia que não havia lugar nem do lado de fora da porta. Enquanto ele anunciava a palavra de Deus, quatro homens vieram carregando um paralítico numa maca. Por causa da multidão, não tinham como levá-lo até Jesus. Então abriram um buraco no teto, acima de onde Jesus estava. Em seguida, baixaram o homem na maca, bem na frente dele. Ao ver a fé que eles tinham, Jesus disse ao paralítico: "Filho, seus pecados estão perdoados".

Alguns dos mestres da lei que estavam ali sentados pensaram: "O que ele está dizendo? Isso é blasfêmia! Somente Deus pode perdoar pecados!".

Jesus logo percebeu o que eles estavam pensando e perguntou: "Por que vocês questionam essas coisas em seu coração? O que é mais fácil dizer ao paralítico: 'Seus pecados estão perdoados' ou 'Levante-se, pegue sua maca e ande'? Mas eu lhes mostrarei que o Filho do

Homem tem autoridade na terra para perdoar pecados". Então disse ao paralítico: "Levante-se, pegue sua maca e vá para casa".

O homem se levantou de um salto, pegou sua maca e saiu andando diante de todos. A multidão ficou admirada e louvava a Deus, exclamando: "Nunca vimos nada igual!".

Jesus ressuscita uma menina
(Mateus 9.18-19,23-26; também Marcos 5.22-24,35-43; Lucas 8.41-42,49-56)

Enquanto Jesus ainda falava, o líder da sinagoga local veio e se ajoelhou diante dele. "Minha filha acaba de morrer", disse. "Mas, se o senhor vier e puser as mãos sobre ela, ela viverá."

Então Jesus e seus discípulos se levantaram e foram com ele. [...]

Quando Jesus chegou à casa do líder da sinagoga, viu a multidão agitada e ouviu a música fúnebre. "Saiam daqui!", disse ele. "A menina não está morta; está apenas dormindo." Os que estavam ali riram dele. Depois que a multidão foi colocada para fora, Jesus entrou e tomou a menina pela mão, e ela se levantou. A notícia desse milagre se espalhou por toda a região.

Jesus cura uma mulher com hemorragia (Mateus 9.20-22; também Marcos 5.25-34; Lucas 8.43-48)

Nesse instante, uma mulher que havia doze anos sofria de hemorragia se aproximou por trás dele e tocou na borda de seu manto, pois pensava: "Se eu apenas tocar em seu manto, serei curada".

Jesus se voltou e, quando a viu, disse: "Filha, anime-se! Sua fé a curou". A partir daquele momento, a mulher ficou curada.

Jesus cura dois cegos (Mateus 9.27-31)

Depois que Jesus saiu dali, dois cegos foram atrás dele, gritando: "Filho de Davi, tenha misericórdia de nós!".

Quando Jesus entrou em casa, os cegos se aproximaram, e ele lhes perguntou: "Vocês creem que eu posso fazê-los ver?".

"Sim, Senhor", responderam eles.

Ele tocou nos olhos dos dois e disse: "Seja feito conforme a sua fé".

Então os olhos deles se abriram e puderam ver. Jesus os advertiu severamente: "Não contem a ninguém". Eles, porém, saíram e espalharam sua fama por toda a região.

Jesus cura um mudo possuído por demônio (Mateus 9.32-33)

Quando partiram, foi levado a Jesus um homem que não conseguia falar porque estava possuído por um demônio. O demônio foi expulso e, em seguida, o homem começou a falar. As multidões ficaram admiradas. "Jamais aconteceu algo parecido em Israel!", exclamavam.

Jesus realiza muitas curas (Mateus 9.35)

Jesus andava por todas as cidades e todos os povoados da região, ensinando nas sinagogas, anunciando as boas-novas do reino e curando todo tipo de enfermidade e doença.

Jesus cura a mão de um homem (Mateus 12.9-13; também Marcos 3.1-5; Lucas 6.6-11)

Então Jesus foi à sinagoga local, onde viu um homem que tinha uma das mãos deformada. Os fariseus perguntaram a Jesus: "A lei permite curar no sábado?". Esperavam que ele dissesse "sim", para que pudessem acusá-lo.

Jesus respondeu: "Se um de vocês tivesse uma ovelha e ela caísse num poço no sábado, não trabalharia para tirá-la de lá? Quanto mais vale uma pessoa que uma ovelha! Sim, a lei permite que se faça o bem no sábado".

Em seguida, disse ao homem: "Estenda a mão". Ele a estendeu, e ela foi restaurada e ficou igual à outra.

Jesus cura em cumprimento à profecia (Mateus 12.15-21)

Jesus, sabendo o que planejavam, retirou-se daquela região. Muitos o seguiram, e ele curou todos os enfermos que havia entre eles. Contudo, advertiu-lhes que não revelassem quem ele era. Cumpriu-se, assim, a profecia de Isaías a seu respeito:

"Vejam meu Servo, aquele que escolhi.
   Ele é meu Amado; nele tenho grande
      alegria.
Porei sobre ele meu Espírito,
   e ele proclamará justiça às nações.
Não lutará nem gritará,
   nem levantará a voz em público.
Não esmagará a cana quebrada,
   nem apagará a chama que já está fraca.
Por fim, ele fará que a justiça

seja vitoriosa.
E seu nome será a esperança
de todo o mundo".

Jesus cura um homem possuído por demônio (Mateus 12.22; também Lucas 11.14)

Então levaram até Jesus um homem cego e mudo que estava possuído por um demônio. Jesus o curou, e ele passou a falar e ver.

Jesus cura enfermos antes da multiplicação dos pães (Mateus 14.14)

Quando Jesus saiu do barco, viu a grande multidão, teve compaixão dela e curou os enfermos.

Jesus realiza muitas curas em Genesaré (Mateus 14.34-36)

Depois de atravessarem o mar, chegaram a Genesaré. Quando o povo reconheceu Jesus, a notícia de sua chegada se espalhou rapidamente por toda a região, e trouxeram os enfermos para que fossem curados. Suplicavam que ele deixasse os enfermos apenas tocar na borda de seu manto, e todos que o tocavam eram curados.

Jesus cura uma menina possuída por demônio (Mateus 15.21-28; também Marcos 7.24-30)

Então Jesus deixou a Galileia, rumo ao norte, para a região de Tiro e Sidom. Uma mulher cananeia que ali morava veio a ele, suplicando: "Senhor, Filho de Davi, tenha misericórdia de mim! Minha filha está possuída por um demônio que a atormenta terrivelmente".

Jesus não disse uma só palavra em resposta. Então os discípulos insistiram com ele: "Mande-a embora; ela não para de gritar atrás de nós".

Jesus disse à mulher: "Fui enviado para ajudar apenas as ovelhas perdidas do povo de Israel".

A mulher, porém, aproximou-se, ajoelhou-se diante dele e implorou mais uma vez: "Senhor, ajude-me!".

Jesus respondeu: "Não é certo tirar comida das crianças e jogá-la aos cachorros".

"Senhor, é verdade", disse a mulher. "No entanto, até os cachorros comem as migalhas que caem da mesa de seus donos."

"Mulher, sua fé é grande", disse-lhe Jesus. "Seu pedido será atendido." E, no mesmo instante, a filha dela foi curada.

Jesus realiza muitas curas junto ao mar da Galileia (Mateus 15.29-30)

Deixando aquele lugar, Jesus voltou ao mar da Galileia e subiu a um monte, onde se sentou. Uma grande multidão veio e colocou diante dele aleijados, cegos, paralíticos, mudos e muitos outros, e ele curou a todos.

Jesus realiza muitas curas em Judá (Mateus 19.1-2)

Quando Jesus terminou de dizer essas coisas, deixou a Galileia e foi para a região da Judeia, a leste do ro Jordão. Grandes multidões o seguiram, e ele curou os enfermos.

Jesus realiza curas depois de purificar o tempo (Mateus 21.14)

Os cegos e os coxos vieram a Jesus no templo, e ele os curou.

Jesus cura um surdo (Marcos 7.31-37)

Jesus saiu de Tiro e subiu para Sidom antes de voltar ao mar da Galileia e à região das Dez Cidades. Algumas pessoas lhe trouxeram um homem surdo e com dificuldade de fala, e lhe pediram que pusesse as mãos sobre ele e o curasse.

Jesus o afastou da multidão para ficar a sós com ele. Pôs os dedos nos ouvidos do homem e, em seguida, cuspiu nos dedos e tocou a língua dele. Olhando para o céu, suspirou e disse: *"Efatá!"*, que significa "Abra-se!". No mesmo instante, o homem passou a ouvir perfeitamente; sua língua ficou livre, e ele começou a falar com clareza.

Jesus ordenou à multidão que não contasse a ninguém, mas, quanto mais ele os proibia, mais divulgavam o que havia acontecido. Estavam muito admirados e diziam repetidamente: "Tudo que ele faz é maravilhoso! Ele até faz o surdo ouvir e o mudo falar!".

Jesus cura um cego (Marcos 8.22-26)

Quando chegaram a Betsaida, algumas pessoas trouxeram um cego a Jesus e lhe pediram que o tocasse. Ele tomou o cego pela mão e o levou para fora do povoado. Em seguida, cuspiu nos olhos do homem, pôs as mãos sobre ele e perguntou: "Vê alguma coisa?".

Recuperando aos poucos a vista, o homem respondeu: "Vejo pessoas, mas não as enxergo claramente. Parecem árvores andando".

Jesus pôs as mãos sobre os olhos do homem mais uma vez, e sua visão foi completamente restaurada; ele passou a ver tudo com nitidez. Então Jesus se despediu dele e disse: "Ao voltar para casa, não entre no povoado".

Jesus ressuscita um jovem (Lucas 7.11-16)

Logo depois, Jesus foi com seus discípulos à cidade de Naim, e uma grande multidão o seguiu. Quando ele se aproximou da porta da cidade, estava saindo o enterro do único filho de uma viúva, e uma grande multidão da cidade a acompanhava. Quando o Senhor a viu, sentiu profunda compaixão por ela. "Não chore!", disse ele. Então foi até o caixão, tocou nele e os carregadores pararam. E disse: "Jovem, eu lhe digo: levante-se!". O jovem que estava morto se levantou e começou a conversar, e Jesus o devolveu à sua mãe.

Grande temor tomou conta da multidão, que louvava a Deus, dizendo: "Um profeta poderoso se levantou entre nós!" e "Hoje Deus visitou seu povo!".

Jesus é identificado como Messias por realizar curas (Lucas 7.18-22)

Os discípulos de João Batista lhe contaram tudo

que Jesus estava fazendo. Então João chamou dois de seus discípulos e os enviou ao Senhor, para lhe perguntar: "O senhor é aquele que haveria de vir, ou devemos esperar algum outro?".

Os dois discípulos de João encontraram Jesus e lhe disseram: "João Batista nos enviou para lhe perguntar: 'O senhor é aquele que haveria de vir, ou devemos esperar algum outro?'".

Naquela mesma hora, Jesus curou muitas pessoas de suas doenças, enfermidades e espíritos impuros, e restaurou a visão a muitos cegos. Em seguida, disse aos discípulos de João: "Voltem a João e contem a ele o que vocês viram e ouviram: os cegos veem, os aleijados andam, os leprosos são purificados, os surdos ouvem, os mortos são ressuscitados e as boas-novas são anunciadas aos pobres".

Jesus cura um menino possuído por demônio (Marcos 9.14-29; também Mateus 17.14-21; Lucas 9.37-42)

Ao voltarem para junto dos outros discípulos, viram que estavam cercados por uma grande multidão e que alguns mestres da lei discutiam com eles. Quando a multidão viu Jesus, ficou muito admirada e correu para cumprimentá-lo.

"Sobre o que discutem?", perguntou Jesus.

Um dos homens na multidão respondeu: "Mestre, eu lhe trouxe meu filho, que está possuído por um espírito impuro que não o deixa falar. Sempre que o espírito se apodera dele, joga-o no chão, e ele espuma pela boca, range os dentes e fica rígido. Pedi a seus discípulos que expulsassem o espírito impuro, mas eles não conseguiram".

Jesus lhes disse: "Geração incrédula! Até quando estarei com vocês? Até quando terei de suportá-los? Tragam o menino para cá".

Então o trouxeram. Quando o espírito impuro viu Jesus, causou uma convulsão intensa no menino e ele caiu no chão, contorcendo-se e espumando pela boca.

Jesus perguntou ao pai do menino: "Há quanto tempo isso acontece com ele?".

"Desde que ele era pequeno", respondeu o pai. "Muitas vezes o espírito o lança no fogo ou na água e tenta matá-lo. Tenha misericórdia de nós e ajude-nos, se puder."

"Se puder?", perguntou Jesus. "Tudo é possível para aquele que crê."

No mesmo instante, o pai respondeu: "Eu creio, mas ajude-me a superar minha incredulidade".

Quando Jesus viu que a multidão aumentava, repreendeu o espírito impuro, dizendo: "Espírito que impede este menino de ouvir e falar, ordeno que saia e nunca mais entre nele!".

O espírito gritou, causou outra convulsão intensa no menino e saiu dele. O menino parecia morto. Um murmúrio correu pela multidão: "Ele morreu". Mas Jesus o tomou pela mão e o ajudou a se levantar, e ele ficou em pé.

Depois, quando Jesus estava em casa com seus discípulos, eles perguntaram: "Por que não conseguimos expulsar aquele espírito impuro?".

Jesus respondeu: "Essa espécie só sai com oração".

Jesus cura um mendigo cego (Marcos 10.46-52; também Mateus 20.29-34; Lucas 18.35-43)

Então chegaram a Jericó. Quando Jesus e seus discípulos saíam da cidade, uma grande multidão os seguiu. Um mendigo cego chamado Bartimeu, filho de Timeu, estava sentado à beira do caminho. Quando Bartimeu soube que Jesus de Nazaré estava perto, começou a gritar: "Jesus, Filho de Davi, tenha misericórdia de mim!".

Muitos lhe diziam aos brados: "Cale-se!".

Ele, porém, gritava ainda mais alto: "Filho de Davi, tenha misericórdia de mim!".

Quando Jesus o ouviu, parou e disse: "Falem para ele vir aqui".

Então chamaram o cego. "Anime-se!", disseram. "Venha, ele o está chamando!" Bartimeu jogou sua capa para o lado, levantou-se de um salto e foi até Jesus.

"O que você quer que eu lhe faça?", perguntou Jesus.

O cego respondeu: "Rabi, quero enxergar".

Jesus lhe disse: "Vá, pois sua fé o curou". No mesmo instante, o homem passou a ver e seguiu Jesus pelo caminho.

Jesus cura uma mulher encurvada
(Lucas 13.10-17)

Certo sábado, quando Jesus ensinava numa sinagoga, apareceu uma mulher enferma por causa de um espírito impuro. Andava encurvada havia dezoito anos e não conseguia se endireitar. Ao vê-la, Jesus a chamou para perto e disse: "Mulher, você está curada de sua doença!". Então ele a tocou e, no mesmo instante, ela conseguiu se endireitar e começou a louvar a Deus.

O chefe da sinagoga ficou indignado porque

Jesus a tinha curado no sábado. "Há seis dias na semana para trabalhar", disse ele à multidão. "Venham nesses dias para serem curados, e não no sábado."

O Senhor, porém, respondeu: "Hipócritas! Todos vocês trabalham no sábado! Acaso não desamarram no sábado o boi ou o jumento do estábulo e o levam dali para lhe dar água? Esta mulher, uma filha de Abraão, foi mantida presa por Satanás durante dezoito anos. Não deveria ela ser liberta, mesmo que seja no sábado?".

As palavras de Jesus envergonharam seus adversários, mas todo o povo se alegrava com as coisas maravilhosas que ele fazia.

Jesus cura um homem com o corpo inchado (Lucas 14.1-6)

Certo sábado, Jesus foi comer na casa de um líder fariseu, onde o observavam atentamente. Estava ali um homem com o corpo muito inchado. Jesus perguntou aos fariseus e aos especialistas da lei: "A lei permite ou não curar no sábado?". Eles nada responderam, e Jesus tocou no homem enfermo, o curou e o mandou embora. Depois, perguntou a eles: "Qual de vocês, se seu filho ou seu boi cair num buraco, não se apressará em tirá-lo de lá, mesmo que seja sábado?". Mais uma vez, não puderam responder.

Jesus cura dez leprosos (Lucas 17.11-19)

Dirigindo-se a Jerusalém, Jesus chegou à fronteira entre a Galileia e Samaria. Ao entrar num povoado dali, dez leprosos, mantendo certa distância, clamaram: "Jesus, Mestre, tenha misericórdia de nós!".

Ele olhou para eles e disse: "Vão e apresentem-se aos sacerdotes". E, enquanto eles iam, foram curados da lepra.

Um deles, ao ver-se curado, voltou a Jesus, louvando a Deus em alta voz. Lançou-se a seus pés, agradecendo-lhe pelo que havia feito. Esse homem era samaritano.

Jesus perguntou: "Não curei dez homens? Onde estão os outros nove? Ninguém voltou para dar glórias a Deus, exceto este estrangeiro?". E disse ao homem: "Levante-se e vá. Sua fé o curou".

Jesus cura a ferida de um homem (Lucas 22.49-51)

Quando aqueles que estavam com Jesus viram o que ia acontecer, disseram: "Senhor, devemos lutar? Trouxemos as espadas!". E um deles feriu o servo do sumo sacerdote, cortando-lhe a orelha direita.

Mas Jesus disse: "Basta!". E, tocando a orelha do homem, curou-o.

Jesus cura o filho de um oficial (João 4.46-54)

Enquanto Jesus viajava pela Galileia, chegou a Caná, onde tinha transformado água em vinho. Perto dali, em Cafarnaum, havia um oficial do governo cujo filho estava muito doente. Quando soube que Jesus viera da Judeia para a Galileia, foi até ele e suplicou que fosse a Cafarnaum para curar seu filho, que estava à beira da morte.

Jesus exclamou: "Jamais crerão, a menos que vejam sinais e maravilhas!".

O oficial implorou: "Senhor, por favor, venha antes que meu filho morra".

"Volte!", disse Jesus. "Seu filho viverá." O homem creu nas palavras de Jesus e partiu para casa.

Enquanto estava a caminho, alguns de seus servos vieram a seu encontro com a notícia de que seu filho estava vivo e bem. Ele perguntou quando o menino havia começado a melhorar, e eles responderam: "Ontem à tarde, à uma hora, a febre subitamente desapareceu!". Então o pai percebeu que havia sido naquele exato momento que Jesus tinha dito: "Seu filho viverá". E o oficial e todos de sua casa creram em Jesus. Esse foi o segundo sinal que Jesus realizou na Galileia, depois que veio da Judeia.

Jesus cura um doente junto ao poço (João 5.1-16)

Depois disso, Jesus voltou a Jerusalém para uma das festas religiosas dos judeus. Dentro da cidade, junto à porta das Ovelhas, ficava o tanque de Betesda, com cinco pátios cobertos. Ficavam ali cegos, mancos e paralíticos, uma multidão de enfermos, esperando um movimento da água, pois um anjo do Senhor descia de vez em quando e agitava a água. O primeiro que entrava no tanque após a água ser agitada era curado de qualquer enfermidade que tivesse. Um dos homens ali estava doente havia 38 anos. Quando Jesus o viu e soube que estava enfermo por tanto tempo, perguntou-lhe: "Você gostaria de ser curado?".

O homem respondeu: "Não consigo, senhor, pois não tenho quem me coloque no tanque quando a água se agita. Alguém sempre chega antes de mim".

Jesus lhe disse: "Levante-se, pegue sua maca e ande!".

No mesmo instante, o homem ficou curado. Ele pegou sua maca e começou a andar. Uma vez que esse milagre aconteceu no sábado, os líderes judeus disseram ao homem que havia sido curado: "Hoje é sábado! A lei não permite que você carregue essa maca!".

Mas ele respondeu: "O homem que me curou disse: 'Pegue sua maca e ande'".

"Quem foi que lhe disse uma coisa dessas?", perguntaram eles.

O homem não sabia, pois Jesus havia desaparecido no meio da multidão. Mais tarde, Jesus o encontrou no templo e lhe disse: "Agora você está curado; deixe de pecar, para que nada pior lhe aconteça". O homem foi até os líderes judeus e lhes disse que tinha sido Jesus quem o havia curado.

Então os líderes judeus começaram a perseguir Jesus por não respeitar as regras do sábado.

Jesus cura um cego de nascença
(João 9.1-7)

Enquanto caminhava, Jesus viu um homem cego de nascença. Seus discípulos perguntaram:

"Rabi, por que este homem nasceu cego? Foi por causa de seus próprios pecados ou dos pecados de seus pais?".

Jesus respondeu: "Nem uma coisa nem outra. Isso aconteceu para que o poder de Deus se manifestasse nele. Devemos cumprir logo as tarefas que nos foram dadas por aquele que me enviou. A noite se aproxima, quando ninguém pode trabalhar. Mas, enquanto estou aqui no mundo, eu sou a luz do mundo".

Depois de dizer isso, Jesus cuspiu no chão, misturou a terra com saliva e aplicou-a nos olhos do cego. Em seguida, disse: "Vá lavar-se no tanque de Siloé" (que significa "enviado"). O homem foi, lavou-se e voltou enxergando.

Jesus ressuscita Lázaro (João 11.1-45)

Um homem chamado Lázaro estava doente. Ele morava em Betânia com suas irmãs, Maria e Marta. Foi Maria, a irmã de Lázaro, que mais tarde derramou perfume caro nos pés do Senhor e os enxugou com os cabelos. As duas irmãs enviaram um recado a Jesus, dizendo: "Senhor, seu amigo querido está muito doente".

Quando Jesus ouviu isso, disse: "A doença de Lázaro não acabará em morte. Ela aconteceu para a glória de Deus, para que o Filho de Deus receba glória por meio dela". Jesus amava Marta, Maria e Lázaro. Ouvindo, portanto, que Lázaro estava doente, ficou mais dois dias onde estava. Depois, disse a seus discípulos: "Vamos voltar para a Judeia".

Os discípulos se opuseram, dizendo: "Rabi, apenas alguns dias atrás o povo da Judeia tentou apedrejá-lo. Ainda assim, o senhor vai voltar para lá?".

Jesus respondeu: "Há doze horas de claridade todos os dias. Durante o dia, as pessoas podem andar com segurança. Conseguem enxergar, pois têm a luz deste mundo. À noite, porém, correm o risco de tropeçar, pois não há luz". E acrescentou: "Nosso amigo Lázaro adormeceu, mas agora vou despertá-lo".

Os discípulos disseram: "Senhor, se ele dorme é porque logo vai melhorar!". Pensavam que Jesus falava apenas do repouso do sono, mas ele se referia à morte de Lázaro.

Então ele disse claramente: "Lázaro está morto. E, por causa de vocês, eu me alegro por não ter estado lá, pois agora vocês vão crer de fato. Venham, vamos até ele".

Tomé, apelidado de Gêmeo, disse aos outros

discípulos: "Vamos até lá também para morrer com Jesus".

Quando Jesus chegou a Betânia, disseram-lhe que Lázaro estava no túmulo havia quatro dias. Betânia ficava a cerca de três quilômetros de Jerusalém, e muitos moradores da região tinham vindo consolar Marta e Maria pela perda do irmão. Quando Marta soube que Jesus estava chegando, foi ao seu encontro. Maria, porém, ficou em casa. Marta disse a Jesus: "Se o Senhor estivesse aqui, meu irmão não teria morrido. Mas sei que, mesmo agora, Deus lhe dará tudo que pedir".

Jesus lhe disse: "Seu irmão vai ressuscitar".

"Sim", respondeu Marta. "Ele vai ressuscitar quando todos ressuscitarem, no último dia."

Então Jesus disse: "Eu sou a ressurreição e a vida. Quem crê em mim viverá, mesmo depois de morrer. Quem vive e crê em mim jamais morrerá. Você crê nisso, Marta?".

"Sim, Senhor", respondeu ela. "Eu creio que o senhor é o Cristo, o Filho de Deus, aquele que veio ao mundo da parte de Deus." Em seguida, voltou para casa. Chamou Maria à parte e disse: "O Mestre está aqui e quer ver você". Maria se levantou de imediato e foi até ele.

Jesus tinha ficado fora do povoado, no lugar onde Marta havia se encontrado com ele. Quando as pessoas que estavam na casa viram Maria sair apressadamente, imaginaram que ela ia ao túmulo de Lázaro chorar e a seguiram. Assim que chegou ao lugar onde Jesus estava e o viu, caiu a seus pés e disse: "Se o Senhor estivesse aqui, meu irmão não teria morrido".

Quando Jesus viu Maria chorar, e o povo também, sentiu profunda indignação e grande angústia. "Onde vocês o colocaram?", perguntou.

Eles responderam: "Senhor, venha e veja". Jesus chorou. As pessoas que estavam por perto disseram: "Vejam como ele o amava!". Outros, porém, disseram: "Este homem curou um cego. Não poderia ter impedido que Lázaro morresse?".

Jesus, sentindo-se novamente indignado, chegou ao túmulo, uma gruta com uma pedra fechando a entrada. "Rolem a pedra para o lado", ordenou.

"Senhor, ele está morto há quatro dias", disse Marta, a irmã do falecido. "O mau cheiro será terrível."

Jesus respondeu: "Eu não lhe disse que, se você cresse, veria a glória de Deus?". Então rolaram a pedra para o lado. Jesus olhou para o céu e disse: "Pai, eu te agradeço porque me ouviste. Tu sempre me ouves, mas eu disse isso por causa de todas as pessoas que estão aqui, para que elas creiam que tu me enviaste". Então Jesus gritou: "Lázaro, venha para fora!". E o morto saiu, com as mãos e os pés presos com faixas e o rosto envolto num pano. Jesus disse: "Desamarrem as faixas e deixem-no ir!".

Muitos dos judeus que estavam com Maria creram em Jesus quando viram isso.

5

Cura entre os seguidores de Jesus

Jesus envia seus discípulos para curarem outras pessoas (Mateus 10.5-8)

Jesus enviou os Doze com as seguintes instruções: "Não vão aos gentios nem aos samaritanos; vão, antes, às ovelhas perdidas do povo de Israel. Vão e anunciem que o reino dos céus está próximo. Curem os doentes, ressuscitem os mortos, purifiquem os leprosos e expulsem os demônios. Deem de graça, pois também de graça vocês receberam".

Jesus comissiona seus discípulos a pregar e curar (Marcos 16.15-20)

Jesus lhes disse: "Vão ao mundo inteiro e anunciem as boas-novas a todos. Quem crer e for batizado será salvo, mas quem se recusar a crer será condenado. Os seguintes sinais acompanharão aqueles que crerem: em meu nome expulsarão demônios, falarão em novas línguas, pegarão em serpentes sem correr perigo, se beberem algo venenoso, não lhes fará mal, e colocarão as mãos sobre os enfermos e eles serão curados".

Quando o Senhor Jesus acabou de falar com eles, foi levado para o céu e sentou-se à direita de Deus. Os discípulos foram a toda parte e anunciavam a mensagem, e o Senhor cooperava com eles, confirmando-a com muitos sinais.

Pedro cura um mendigo aleijado
(Atos 3.1-16)

Certo dia, por volta das três da tarde, Pedro e João foram ao templo orar. Um homem, aleijado de nascença, estava sendo carregado. Todos os dias, ele era colocado ao lado da porta chamada Formosa, para pedir esmolas a quem entrasse no templo. Quando ele viu que Pedro e João iam entrar, pediu-lhes dinheiro.

Pedro e João se voltaram para ele. "Olhe para nós!", disse Pedro. O homem fixou o olhar neles, esperando receber alguma esmola. Pedro, no entanto, disse: "Não tenho prata nem ouro, mas lhe dou o que tenho. Em nome de Jesus Cristo, o nazareno, levante-se e ande!".

Então Pedro segurou o aleijado pela mão e o ajudou a levantar-se. No mesmo instante, os pés e os tornozelos do homem foram curados e fortalecidos. De um salto, ele se levantou e começou a andar. Em seguida, caminhando, saltando e louvando a Deus, entrou no templo com eles.

Quando o viram caminhar e o ouviram louvar a Deus, todos perceberam que era o mesmo mendigo que tantas vezes tinham visto na porta Formosa, e ficaram perplexos. Admirados, correram todos para o Pórtico de Salomão, onde o homem permanecia com Pedro e João e não se afastava deles.

Pedro, percebendo o que ocorria, dirigiu-se à multidão. "Povo de Israel, por que ficam surpresos com isso?", disse ele. "Por que olham para nós como se tivéssemos feito este homem andar por nosso próprio poder ou devoção? Pois foi o Deus de Abraão, de Isaque e de Jacó, o Deus de nossos antepassados, quem glorificou seu Servo Jesus, a quem vocês traíram e rejeitaram diante de Pilatos, apesar de ele ter decidido soltá-lo. Vocês rejeitaram o Santo e Justo e, em seu lugar, exigiram que um assassino fosse liberto. Mataram o autor da vida, mas Deus o ressuscitou dos mortos. E nós somos testemunhas desse fato!

"Pela fé no nome de Jesus, este homem que vocês veem e conhecem foi curado. A fé no nome de Jesus o curou diante de seus olhos."

Pedro explica a fonte de seu poder para curar (Atos 4.8-12)

Cheio do Espírito Santo, Pedro lhes respondeu: "Autoridades e líderes do povo, estamos sendo interrogados hoje porque realizamos uma boa ação em favor de um aleijado, e os senhores querem saber como ele foi curado. Saibam os senhores e todo o povo de Israel que ele foi curado pelo nome de Jesus Cristo, o nazareno, a quem os senhores crucificaram, mas a quem Deus ressuscitou dos mortos. Pois é a respeito desse Jesus que se diz:

'A pedra que vocês, os construtores, rejeitaram
se tornou a pedra angular'.

Não há salvação em nenhum outro! Não há nenhum outro nome debaixo do céu, em toda a humanidade, por meio do qual devamos ser salvos".

Os primeiros cristãos oram pedindo poder para curar (Atos 4.29-31)

"E agora, Senhor, ouve as ameaças deles e concede a teus servos coragem para anunciar tua palavra. Estende tua mão com poder para curar, e que sinais e maravilhas sejam realizados por meio do nome de teu santo Servo Jesus."

Depois dessa oração, o lugar onde estavam reunidos tremeu, e todos ficaram cheios do Espírito Santo e pregavam corajosamente a palavra de Deus.

Os apóstolos realizam muitas curas
(Atos 5.12-16)

Os apóstolos realizavam muitos sinais e maravilhas entre o povo. Todos se reuniam regularmente no templo, na parte conhecida como Pórtico de Salomão. Quando se reuniam ali, ninguém mais tinha coragem de juntar-se a eles, embora o povo os tivesse em alta consideração. Cada vez mais pessoas, multidões de homens e mulheres, criam no Senhor. Como resultado, o povo levava os doentes às ruas em camas e macas para que a sombra de Pedro cobrisse alguns deles enquanto ele passava. Muita gente vinha das cidades ao redor de Jerusalém, trazendo doentes e atormentados por espíritos impuros, e todos eram curados.

Filipe realiza muitas curas em Samaria
(Atos 8.4-8)

Os que haviam sido dispersos, porém, anunciavam as boas-novas a respeito de Jesus por onde quer que fossem. Filipe foi para a cidade de Samaria e ali falou ao povo sobre o Cristo. Quando as multidões ouviram sua mensagem e viram os sinais que ele realizava, deram total atenção às suas palavras. Muitos espíritos impuros eram expulsos e, aos gritos, deixavam suas vítimas, e muitos paralíticos e aleijados eram curados. Por isso, houve grande alegria naquela cidade.

Pedro cura Eneias e ressuscita Dorcas (Atos 9.32-43)

Pedro viajava por toda parte, e foi visitar o povo santo que vivia na cidade de Lida. Ali encontrou um paralítico chamado Eneias, que permanecia de cama havia oito anos. Pedro lhe disse: "Eneias, Jesus Cristo cura você! Levante-se e arrume sua maca!". E, no mesmo instante, ele se levantou. Todos os moradores de Lida e de Sarona viram Eneias e se converteram ao Senhor.

Havia em Jope uma discípula chamada Tabita (que em grego é Dorcas). Sempre fazia o bem às pessoas e ajudava os pobres. Por esse tempo, ficou doente e morreu. Seu corpo foi lavado para o sepultamento e colocado numa sala no andar superior. Quando os discípulos souberam que Pedro estava perto de Lida, enviaram dois homens para lhe suplicar: "Por favor, venha o mais rápido possível!".

Então Pedro voltou com eles e, assim que chegou, foi levado para a sala do andar superior. O cômodo estava cheio de viúvas que choravam e lhe mostravam os vestidos e outras roupas que Dorcas havia feito para elas. Pedro pediu que todos saíssem do quarto. Então, ajoelhou-se e orou. Voltando-se para o corpo da mulher, disse: "Tabita, levante-se", e ela abriu os olhos. Quando ela viu Pedro, sentou-se. Ele lhe deu a mão e a ajudou a levantar-se. Em seguida, chamou os discípulos e as viúvas e a apresentou viva.

A notícia se espalhou por toda a cidade, e muitos creram no Senhor. Pedro ficou em Jope algum tempo, hospedado na casa de Simão, um homem que trabalhava com couro.

Paulo e Barnabé realizam curas em Listra (Atos 14.8-18)

Enquanto estavam em Listra, Paulo e Barnabé encontraram um homem com os pés aleijados. Sofria desse problema desde o nascimento e, portanto, nunca tinha andado. Estava sentado e ouvia Paulo pregar. Paulo olhou diretamente para ele e, vendo que ele tinha fé para ser curado, disse em alta voz: "Levante-se!". O homem se levantou de um salto e começou a andar.

A multidão, vendo o que Paulo havia feito, gritou no dialeto local: "Os deuses vieram até nós em forma de homens!". Concluíram que Barnabé era o deus grego Zeus, e Paulo, o deus Hermes, pois era ele quem proclamava a mensagem. O sacerdote do templo de Zeus, que ficava na entrada da cidade, trouxe touros e coroas de flores até as portas da cidade, pois ele e a multidão queriam oferecer sacrifícios aos apóstolos.

Quando Barnabé e Paulo ouviram o que estava acontecendo, rasgaram as roupas e correram para o meio do povo, gritando: "Amigos, por que vocês estão fazendo isso? Somos homens como vocês! Viemos lhes anunciar as boas-novas, para que abandonem estas coisas sem valor e se voltem para o Deus vivo, que fez os céus e a terra, o mar e tudo que neles há. No passado, ele permitiu que as nações seguissem seus próprios caminhos, mas nunca as deixou sem evidências de sua existência e de sua bondade. Ele lhes concede chuvas e boas colheitas, e também alimento e um coração alegre". Apesar dessas palavras, Paulo e Barnabé tiveram dificuldade para impedir que o povo lhes oferecesse sacrifícios.

Paulo realiza curas em Éfeso (Atos 19.8-16)

Em seguida, Paulo foi à sinagoga e ali pregou corajosamente durante três meses, argumentando de modo convincente sobre o reino de Deus. Mas alguns deles se mostraram endurecidos, rejeitaram a mensagem e falaram publicamente contra o Caminho. Paulo, então, deixou a sinagoga e levou consigo os discípulos, passando a realizar discussões diárias na escola de Tirano. Isso continuou durante os dois anos seguintes, e gente de toda a província da Ásia, tanto judeus como gregos, ouviu a palavra do Senhor.

Deus concedeu a Paulo o poder de realizar milagres extraordinários. Quando lenços ou aventais usados por ele eram colocados sobre enfermos, estes eram curados de suas doenças e deles saíam espíritos malignos.

Alguns judeus viajavam pelas cidades expulsando espíritos malignos. Tentavam usar o nome do Senhor Jesus, dizendo: "Ordeno que saia em nome de Jesus, a quem Paulo anuncia!". Os homens que faziam isso eram os sete filhos de Ceva, um dos principais sacerdotes. Certa ocasião, o espírito maligno respondeu: "Eu conheço Jesus e conheço Paulo, mas quem são vocês?". O homem possuído pelo espírito maligno saltou em cima deles e os atacou com tanta violência que fugiram da casa, despidos e feridos.

Paulo realiza curas na ilha de Malta (Atos 28.1-10)

Uma vez a salvo em terra, descobrimos que estávamos na ilha de Malta. O povo de lá nos tratou com muita bondade. Por ser um dia frio e chuvoso, fizeram uma fogueira na praia para nos receber.

Enquanto Paulo juntava um monte de gravetos e os colocava no fogo, uma cobra venenosa que fugia do calor mordeu sua mão. Quando os habitantes da ilha viram a cobra pendurada na mão de Paulo, disseram uns aos outros: "Sem dúvida ele é um assassino! Embora tenha escapado do mar, a justiça não lhe permitiu viver". Mas Paulo sacudiu a cobra no fogo e não sofreu nenhum mal. O povo esperava que ele inchasse ou caísse morto de repente. No entanto, depois de esperarem muito tempo e verem que nada havia acontecido, mudaram de ideia e começaram a dizer que ele era um deus.

Perto da praia, havia uma propriedade pertencente a Públio, a principal autoridade da ilha. Por três dias, ele nos hospedou e nos tratou com bondade. Aconteceu que o pai de Públio estava doente, com febre e disenteria. Paulo entrou, orou por ele e, impondo as mãos sobre sua cabeça, o curou. Então os demais enfermos da ilha vieram e foram curados. Como resultado, fomos cobertos de presentes e honras e, chegada a hora de partirmos, o povo nos forneceu todos os suprimentos necessários à viagem.

A cura é um dom do Espírito Santo (1Coríntios 12.4-11,27-31)

Existem tipos diferentes de dons espirituais, mas o mesmo Espírito é a fonte de todos eles. Existem tipos diferentes de serviço, mas o Senhor a quem servimos é o mesmo. Deus trabalha de maneiras diferentes, mas é o mesmo Deus que opera em todos nós.

A cada um de nós é concedida a manifestação do Espírito para o benefício de todos. A um o Espírito dá a capacidade de oferecer conselhos sábios, a outro o mesmo Espírito dá uma mensagem de conhecimento especial. A um o mesmo Espírito dá grande fé, a outro o único Espírito concede o dom de cura. A um ele dá o poder de realizar milagres, a outro, a capacidade de profetizar. A outro ele dá a capacidade de discernir se uma mensagem é do Espírito de Deus ou de outro espírito. A outro, ainda, dá a capacidade de falar em diferentes línguas, enquanto a um outro dá a capacidade de interpretar o que está sendo dito. Tudo isso é distribuído pelo mesmo e único Espírito, que concede o que deseja a cada um. [...]

Juntos, todos vocês são o corpo de Cristo, e cada um é uma parte dele. Deus estabeleceu para a igreja:

> em primeiro lugar, os apóstolos;
> em segundo, os profetas;
> em terceiro, os mestres;
> depois, os que fazem milagres,
> os que têm o dom de cura,
> os que ajudam outros,
> os que têm o dom de liderança,
> os que falam em diferentes línguas.

Somos todos apóstolos? Somos todos profetas? Somos todos mestres? Todos nós temos o poder de fazer milagres? Todos temos o dom de cura? Todos temos a capacidade de falar em diferentes línguas? Todos temos a capacidade de interpretar o que é dito? Portanto, desejem intensamente os dons mais úteis.

6

A cura final e permanente

Ezequiel vê o rio de cura no fim dos tempos (Ezequiel 47.1-12)

Depois disso, o homem me levou de volta à entrada do templo. Ali, notei que jorrava água para o leste por debaixo da porta do templo e passava à direita do altar, do lado sul. Ele me levou para fora do muro pela porta norte e me conduziu até a entrada leste. Ali, vi que a água corria pelo lado sul da porta leste.

O homem me conduziu pela água e, enquanto caminhávamos, ele ia medindo. Quando percorremos quinhentos metros, ele me levou para o outro lado do rio. Ali a água chegava a meus tornozelos. Ele mediu mais quinhentos metros e atravessamos o rio novamente. Dessa vez, a água chegava a meus joelhos. Depois de mais quinhentos metros, chegava à minha cintura. Então ele mediu mais quinhentos metros e ali a água era um rio fundo o suficiente para atravessar a nado, mas fundo demais para atravessar a pé.

Ele me perguntou: "Filho do homem, você está vendo?", e me levou de volta à margem do rio. Ao voltar, fiquei surpreso de ver muitas árvores que cresciam dos dois lados do rio. Então ele me disse: "Este rio corre para o leste, pelo deserto, até o vale do mar Morto. Sua água tornará pura a água salgada do mar Morto. Por onde a água deste rio passar, haverá muitos seres vivos. O mar Morto ficará cheio de peixes, porque sua água se tornará pura. Surgirá vida por onde esta água fluir. Pescadores ficarão às margens do mar Morto. Desde En-Gedi até En-Eglaim, as praias ficarão cobertas de redes secando ao sol. O mar Morto se encherá de peixes de toda espécie, como os peixes do mar Mediterrâneo. Mas os brejos e os pântanos não serão purificados; continuarão salgados. Em ambas as margens do rio crescerão árvores frutíferas de toda espécie. As folhas dessas árvores nunca secarão nem cairão, e sempre haverá frutos em seus ramos. Produzirão uma nova colheita a cada mês, pois são regadas pela água do rio que nasce no templo. Seus frutos servirão de alimento, e suas folhas, de remédio".

Paulo explica nossa esperança na ressurreição (1Coríntios 15.51-57)

Mas eu lhes revelarei um segredo maravilhoso: nem todos dormiremos, mas todos seremos transformados! Acontecerá num instante, num piscar de olhos, ao som da última trombeta. Pois, quando a última trombeta soar, aqueles que morreram ressuscitarão a fim de viver para sempre. E nós que estivermos vivos também seremos transformados. Pois nosso corpo mortal precisa ser transformado em corpo imortal.

Então, quando nosso corpo mortal tiver sido transformado em corpo imortal, se cumprirá a passagem das Escrituras que diz:

"A morte foi engolida na vitória.
Ó morte, onde está sua vitória?
Ó morte, onde está seu aguilhão?".

O pecado é o aguilhão da morte que nos fere, e a lei é o que torna o pecado mais forte. Mas graças a Deus, que nos dá vitória sobre o pecado e sobre a morte por meio de nosso Senhor Jesus Cristo!

João vê o novo céu e a nova terra (Apocalipse 21.1-7)

Então vi um novo céu e uma nova terra, pois o

primeiro céu e a primeira terra já não existiam, e o mar também não mais existia. E vi a cidade santa, a nova Jerusalém, que descia do céu, da parte de Deus, como uma noiva belamente vestida para seu marido.

Ouvi uma forte voz que vinha do trono e dizia: "Vejam, o tabernáculo de Deus está no meio de seu povo! Deus habitará com eles, e eles serão seu povo. O próprio Deus estará com eles. Ele lhes enxugará dos olhos toda lágrima, e não haverá mais morte, nem tristeza, nem choro, nem dor. Todas essas coisas passaram para sempre".

E aquele que estava sentado no trono disse: "Vejam, faço novas todas as coisas!". Em seguida, disse: "Escreva isto, pois o que lhe digo é digno de confiança e verdadeiro". E disse ainda: "Está terminado! Eu sou o Alfa e o Ômega, o Princípio e o Fim. A quem tiver sede, darei de beber gratuitamente das fontes da água da vida. O vitorioso herdará todas essas bênçãos, e eu serei seu Deus, e ele será meu filho".

João vê o rio de cura (Apocalipse 22.1-6,17)

Então o anjo me mostrou o rio da água da vida, transparente como cristal, que fluía do trono de Deus e do Cordeiro e passava no meio da rua principal. De cada lado do rio estava a árvore da vida, que produz doze colheitas de frutos por ano, uma em cada mês, e cujas folhas servem como remédio para curar as nações.

Não haverá mais maldição sobre coisa alguma, porque o trono de Deus e do Cordeiro estará ali, e seus servos o adorarão. Verão seu rosto, e seu nome estará escrito na testa de cada um. E não haverá noite; não será necessária a luz da lâmpada nem a luz do sol, pois o Senhor Deus brilhará sobre eles. E reinarão para todo o sempre.

Então o anjo me disse: "Tudo que você ouviu e viu é digno de confiança e verdadeiro. O Senhor, o Deus dos espíritos dos profetas, enviou seu anjo para dizer a seus servos o que acontecerá em breve". [...]

O Espírito e a noiva dizem: "Vem!". Que todo aquele que ouve diga: "Vem!". Quem tiver sede, venha. Quem quiser, beba de graça da água da vida.

7

Palavra de esperança, chamado à oração

Jesus chama seus discípulos a orar com confiança (Marcos 11.22-25)

Então Jesus disse aos discípulos: "Tenham fé em Deus. Eu lhes digo a verdade: vocês poderão dizer a este monte: 'Levante-se e atire-se no mar', e isso acontecerá. É preciso, no entanto, crer que acontecerá, e não ter nenhuma dúvida em seu coração. Digo-lhes que, se crerem que já receberam, qualquer coisa que pedirem em oração lhes será concedido. Quando estiverem orando, se tiverem alguma coisa contra alguém, perdoem-no, para que seu Pai no céu também perdoe seus pecados".

Jesus dá a seus discípulos palavras de esperança (João 14.1-14)

"Não deixem que seu coração fique aflito. Creiam em Deus; creiam também em mim. Na casa de meu Pai há muitas moradas. Se não fosse assim, eu lhes teria dito. Vou preparar lugar para vocês e, quando tudo estiver pronto, virei buscá-los, para que estejam sempre comigo, onde eu estiver. Vocês conhecem o caminho para onde vou."

"Não sabemos para onde o Senhor vai", disse Tomé. "Como podemos conhecer o caminho?"

Jesus disse: "Eu sou o caminho, a verdade e a vida. Ninguém pode vir ao Pai senão por mim. Se vocês realmente me conhecessem, saberiam quem é meu Pai. Mas, de agora em diante, vão conhecer e ver o Pai".

Filipe disse: "Senhor, mostre-nos o Pai, e ficaremos satisfeitos".

Jesus respondeu: "Filipe, estive com vocês todo esse tempo e você ainda não sabe quem eu sou? Quem me vê, vê o Pai! Então por que me pede para mostrar o Pai? Você não crê que eu estou no Pai e o Pai está em mim? As palavras que eu digo não são minhas, mas de meu Pai, que permanece em mim e realiza suas obras por meu intermédio. Apenas creiam que eu estou no Pai e que o Pai está em mim. Ou creiam pelo menos por causa das obras que vocês me viram realizar.

"Eu lhes digo a verdade: quem crê em mim fará as mesmas obras que tenho realizado, e até maiores, pois eu vou para o Pai. Vocês podem pedir qualquer coisa em meu nome, e eu o farei, para que o Filho glorifique o Pai. Sim, peçam qualquer coisa em meu nome, e eu o farei!".

Abraão demonstra a fé que transforma a vida (Romanos 4.16-21)

É por isso que a promessa vem pela fé, para que ela seja segundo a graça e, assim, alcance toda a descendência de Abraão, não somente os que vivem sob a lei, mas todos que têm fé como a que teve Abraão. Pois ele é o pai de todos que creem. Conforme aparece nas Escrituras: "Eu o fiz pai de muitas nações". Isso aconteceu porque Abraão creu no Deus que traz os mortos de volta à vida e cria coisas novas do nada.

Mesmo quando não havia motivo para ter esperança, Abraão a manteve, crendo que se tornaria o pai de muitas nações. Pois Deus lhe tinha dito: "Esse é o número de descendentes que você terá!". E sua fé não se enfraqueceu, embora ele soubesse que, aos cem anos, seu corpo, bem como o ventre de Sara, já não tinham vigor.

Em nenhum momento a fé de Abraão na promessa de Deus vacilou. Na verdade, ela se fortaleceu e, com isso, ele deu glória a Deus. Abraão estava plenamente convicto de que Deus é poderoso para cumprir tudo que promete.

Lembrança do amor infalível de Deus por nós (Romanos 8.38-39)

E estou convencido de que nem morte nem vida, nem anjos nem demônios, nem o que existe hoje nem o que virá no futuro, nem poderes, nem altura nem profundidade, nada, em toda a criação, jamais poderá nos separar do amor de Deus revelado em Cristo Jesus, nosso Senhor.

Embora nosso corpo seja frágil, a vida eterna nos espera (2Coríntios 4.7-12)

Agora nós mesmos somos como vasos frágeis de barro que contêm esse grande tesouro. Assim, fica evidente que esse grande poder vem de Deus, e não de nós.

De todos os lados somos pressionados por aflições, mas não esmagados. Ficamos perplexos, mas não desesperados. Somos perseguidos, mas não abandonados. Somos derrubados, mas não destruídos. Pelo sofrimento, nosso corpo continua a participar da morte de Jesus, para que a vida de Jesus também se manifeste em nosso corpo.

Sim, vivemos sob constante perigo de morte, porque servimos a Jesus, para que a vida de Jesus se manifeste em nosso corpo mortal. Assim, enfrentamos a morte, mas isso resulta em vida para vocês.

Chamado para nos revestirmos da armadura de Deus (Efésios 6.10-17)

Uma palavra final: Sejam fortes no Senhor e em seu grande poder. Vistam toda a armadura de Deus, para que possam permanecer firmes contra as estratégias do diabo. Pois nós não lutamos contra inimigos de carne e sangue, mas contra governantes e autoridades do mundo invisível, contra grandes poderes neste mundo de trevas e contra espíritos malignos nas esferas celestiais.

Portanto, vistam toda a armadura de Deus, para que possam resistir ao inimigo no tempo do mal. Então, depois da batalha, vocês continuarão de pé e firmes. Assim, mantenham sua posição, colocando o cinto da verdade e a couraça da justiça. Como calçados, usem a paz das boas-novas, para que estejam inteiramente preparados. Em todas as situações, levantem o escudo da fé, para deter as flechas de fogo do maligno. Usem a salvação como capacete e empunhem a espada do Espírito, que é a palavra de Deus.

Chamado para nos aproximarmos corajosamente de Deus em oração (Hebreus 4.14-16)

Visto, portanto, que temos um grande Sumo Sacerdote que entrou no céu, Jesus, o Filho de Deus, apeguemo-nos firmemente àquilo em que cremos. Nosso Sumo Sacerdote entende nossas fraquezas, pois enfrentou as mesmas tentações que nós, mas nunca pecou. Assim, aproximemo-nos com toda confiança do trono da graça, onde receberemos misericórdia e encontraremos graça para nos ajudar quando for preciso.

O poder de cura da oração de fé (Tiago 5.14-16)

Alguém está doente? Chame os presbíteros da igreja para que venham e orem sobre ele e o unjam com óleo, em nome do Senhor. Essa oração de fé curará o enfermo, e o Senhor o restabelecerá. E, se cometeu algum pecado, será perdoado.

Portanto, confessem seus pecados uns aos outros e orem uns pelos outros para serem curados. A oração de um justo tem grande poder e produz grandes resultados.

O sacrifício de Cristo cura do poder do pecado (1Pedro 2.21-25)

Porque Deus os chamou para fazerem o bem, mesmo que isso resulte em sofrimento, pois Cristo sofreu por vocês. Ele é seu exemplo; sigam seus passos.

Ele nunca pecou,
nem enganou ninguém.
Não revidou quando foi insultado,
nem ameaçou se vingar quando sofreu,
mas deixou seu caso nas mãos de Deus,
que sempre julga com justiça.
Ele mesmo carregou nossos pecados
em seu corpo na cruz,
a fim de que morrêssemos para o pecado
e vivêssemos para a justiça;
por suas feridas somos curados.
Vocês eram como ovelhas desgarradas,
mas agora voltaram para o Pastor,
o Guardião de sua alma.

Chamado para a oração corajosa e confiante (1João 5.13-15)

Escrevi estas coisas a vocês que creem no nome do Filho de Deus para que saibam que têm a vida eterna. Estamos certos de que ele nos ouve sempre que lhe pedimos algo conforme sua vontade. E, uma vez que sabemos que ele ouve nossos pedidos, também sabemos que ele nos dará o que pedimos.

Anotações

Anotações

Anotações

Anotações

Anotações

Esta obra foi composta com tipografia Palatino e Europa